Émile DURKHEIM

Suicide et natalité.
Étude de statistique morale.

Table des matières

Suicide et natalité. Étude de statistique morale

Suicide et natalité étude de statistique morale

Émile Durkheim

Depuis les progrès de la démographie, la question de la population est sortie des discussions logiques où les économistes l'avaient trop longtemps maintenue. On ne se contente plus aujourd'hui de disserter sur le principe abstrait de la lutte pour la vie ou sur les chances qu'a la production d'atteindre plus ou moins vite sa limite extrême. Une telle méthode ne pouvait faire avancer le problème d'un pas, car, si générale que soit la loi de la concurrence, elle n'est pas seule à régir les faits sociaux, et résoudre d'après cet unique axiome la question si complexe de la population, c'était se condamner à une solution tronquée. D'autre part, rien n'est vain comme de se demander ce que peuvent devenir la population et les objets de consommation dans un avenir reculé, car la réponse dépend de mille circonstances que l'observateur ne peut atteindre ni prévoir. La science étudie ce qui est avant de chercher à deviner ce qui sera et elle ne peut induire l'avenir que d'après le présent bien connu. La seule manière de décider si l'accroissement de la population est un bien ou un mal pour un peuple est donc d'observer les sociétés où ce phénomène se produit, celles où le fait inverse se rencontre et de les comparer.

Seulement il faut choisir avec discernement le fait social sur lequel on fait porter l'observation. D'ordinaire on raisonne comme si le bonheur des individus et celui des sociétés croissaient avec la quantité des objets consommés. On pose en principe qu'un peuple est plus heureux qui consomme davantage et on croit alors que pour résoudre le problème il suffit de chercher si les mouvements de la consommation varient ou non comme ceux de la natalité[1]. Mais c'est oublier combien le bonheur est chose relative. Il importe peu que l'aisance augmente si les besoins s'accroissent autant ou davantage. La satisfaction qu'ils reçoivent n'est pas plus complète s'ils s'étendent plus loin à mesure qu'ils sont plus satisfaits ; l'écart reste le même. Il y a là une vérité de psychologie élémentaire que les économistes ont généralement méconnue. Le bonheur social est une résultante qui dépend d'une multitude de causes. L'augmentation des ressources, communes et privées, n'est qu'une de ces causes et très souvent ce n'est même pas une des plus importantes. Pour qu'une société se sente bien portante, il n'est ni suffisant ni toujours nécessaire qu'elle dépense beaucoup de houille ou consomme beaucoup de viande ; mais il faut que le développement de toutes ses fonctions soit régulier, harmonieux, proportionné.

A vrai dire, nous ne possédons pas de criterium qui nous permette d'évaluer avec quelque exactitude le degré de bonheur

---

[1] Voy. Nadaillac (le marquis de). *Affaiblissement de la natalité en France,* Paris, 1881, p. 121 et sq.

d'une société. Mais il est possible d'estimer comparativement l'état de santé ou de maladie où elle se trouve, car nous disposons d'un fait assez bien connu qui traduit en chiffres les malaises sociaux : c'est le nombre relatif des suicides. Sans insister ici sur la psychologie de ce phénomène, il est bien certain que l'accroissement régulier des suicides atteste toujours une grave perturbation dans les conditions organiques de la société. Pour que ces actes anormaux se multiplient, il faut que les occasions de souffrir se soient multipliées, elles aussi, et qu'en même temps la force de résistance de l'organisme se soit abaissée, On peut donc être assuré que les sociétés où les suicides sont le plus fréquents sont moins bien portantes que celles où ils sont plus tares. Nous avons ainsi une méthode pour traiter le problème si controversé de la population. Si l'on peut établir que le développement de la natalité est accompagné d'une élévation du nombre des suicides, on aura le droit d'en induire qu'une natalité trop forte est un phénomène maladif, un mal social. En revanche, une constatation inverse impliquerait une conclusion contraire.

Plusieurs faits sur lesquels les démographes ont déjà appelé l'attention semble confirmer la première de ces propositions. Dans les pays où la population est trop dense, les suicides sont nombreux et on les voit baisser toutes les fois que l'émigration, fonctionnant comme une soupape de sûreté, vient soulager la société de cette pléthore menaçante [2]. Si donc on s'en tenait à ces seules observations, on pourrait regarder le malthusianisme comme démontré par la statistique. je ne songe pas a contester ces faits ; mais je voudrais leur en opposer de contraires, non moins nombreux et non moins importants qui limitent la portée des premiers. En d'autres termes, si une natalité excessive pousse au suicide, une natalité trop faible produit exactement les mêmes résultats.

Exposer les faits qui démontrent cette loi, puis l'interpréter, tel est l'objet de cette étude.

I.

Suicide et natalité dans les différents pays d'Europe

---

[2] Legoyt. *Suicide ancien et moderne, p.* 257.

Si l'on réunit dans une même classe les pays d'Europe où il y a le plus de suicides, dans une autre ceux où il y en a le moins, et si on cherche quelle est la natalité moyenne dans ces deux espèces de sociétés, on obtient le résultat suivant.

Pays où le suicide est le plus fréquent.

	Suicides sur 1 000 000 d'habitants	Naissances sur 1 000 h (1865-76)
Danemark (1866-75)	267	30,9
France (1871-75)	150	25,7
Suisse (1876)	196	30,4
Prusse (1871-75)	133	38,5
Autriche Cisleithane (1873-77)	122	38,7
Bavière (1871-76)	90	39,2
Suède (1871-75)	81	30,4
Norvège (1866-73)	74	30,3
Angleterre et Galles (1871-76)	70	35,5
Moyenne	131	33,3

Pays où le suicide est le moins fréquent.

	Suicides sur 1 000 000 d'habitants	Naissances sur 1 000 h (1865-76)
Hongrie (1864-65)	52	41,7
Belgique (1866-75)	67	32,1
Hollande (1869-72)	35	35,6
Italie (1864-76)	31	37,1
Finlande (1869-76)	31	34,5
Espagne (1866-70)	17	35,7
Roumanie ?	25	30,2
Écosse ?	34	35,1
Moyenne	36	35,7

Ainsi tandis que dans les pays où l'on se suicide le plus *il y a 33,3* naissances sur 1000 habitants, il en a *35,7* dans les pays où l'on se suicide moins. L'écart, il est vrai, n'est pas très considérable, et si nous n'avions pas d'autre preuve à l'appui de notre thèse, nous ne devrions admettre entre le suicide et la natalité qu'une relation lointaine et vague. Il y a pourtant là un premier fait qui ne doit pas être négligé. On ne se refusera pas à y attribuer plus d'importance encore si l'on réfléchit que la faiblesse de la natalité ne saurait être en aucun cas qu'une des innombrables conditions dont dépend le développement du suicide. Il est donc déjà très remarquable que de ces multiples influences celle de la natalité se dégage avec une suffisante netteté. Pour apprécier justement ce premier document, il faut surtout tenir compte de ce fait que parmi les pays qui font partie de la première classe, il en est où l'abondance des suicides n'est certainement pas due à une natalité trop faible, mais bien plutôt à une natalité trop forte. Tel est certainement le cas de l'Allemagne. La seule présence de ce pays si prolifique dans la première de nos deux classes en élève sensiblement la natalité moyenne. Si en effet on en retire la Prusse et la Bavière, on trouve :

Pays où le suicide est le plus fréquent. Natalité moyenne, *31,7.*
Pays où le suicide est le moins fréquent. Natalité moyenne, *35,7.*

Si, malgré la présence de cette cause perturbatrice, l'influence d'une natalité faible sur le suicide se fait néanmoins sentir, c'est qu'elle est malgré tout assez générale. Aussi Morselli à qui nous avons emprunté le tableau ci-dessus ne peut s'empêcher de reconnaître le fait tout en renonçant à l'expliquer. Il demande qu'on le soumette à un examen plus détaille [3]. C'est ce que nous allons essayer de faire.

---

[3] Morselli, *Il suicidio, p. 199.*

Cette première expérience est doublement instructive. En même temps qu'elle nous fournit une première preuve, imparfaite il est vrai, de notre hypothèse, elle nous indique où il faut aller chercher les éléments d'une démonstration plus complète. Ce n'est évidemment ni dans les pays où la natalité est très forte, ni dans ceux où elle est simplement bonne que nous trouverons les faits dont nous avons besoin. Dans les premiers, en effet, la natalité tendrait plutôt à produite le suicide au lieu de le prévenir dans les autres, nous n'aurions pas un champ d'observations suffisamment variées. Il faut donc nous adresser à un peuple où la natalité moyenne soit faible. La France ne remplit que trop cette condition.

II

Suicide et croît physiologique dans les départements français.

On mesure souvent la natalité en divisant le nombre de naissances annuelles, défalcation faite des mort-nés (So), par le chiffre total de la population (N). On obtient ainsi ce qu'on appelle la natalité générale. Mais cette mesure est des plus imparfaites, car la population générale comprend un grand nombre de sujets qui ne sont pas encore ou ne sont plus capables de se reproduire, les impubères et les vieillards ; et comme ils sont inégalement distribués sur la surface du territoire, la comparaison des départements au point de vue de la qualité se trouve ainsi faussée. Là où ils sont le plus nombreux, ils diminuent en apparence le chiffre de la natalité, parce qu'ils grossissent le dénominateur N du rapport N / So. C'est pourquoi on préfère, quand on le peut, calculer la natalité en éliminant de N tous les éléments impropres à la génération, c'est-à-dire en divisant, le nombre annuel des naissances par le total de la population pubère (de 15 à 50 ans pour les femmes).

Mais ce qu'on obtient ainsi c'est plutôt le chiffre de la fécondité moyenne, et ce n'est pas ce qui nous intéresse pour le moment. En effet, nous voulons étudier la natalité dans sa fonction sociale qui est d'entretenir le vie de la société. Or la manière dont cette fonction est remplie ne peut évidemment être appréciée d'après le seul chiffre des naissances ; mais il faut tenir compte des vides que ces naissances sont destinées à combler, c'est-à-dire des décès. La même activité reproductrice peut être forte ou faible suivant que les pertes à réparer sont plus ou moins nombreuses. En d'autres termes, l'effet socialement utile de la natalité - et c'est celui-là seul qui nous importe - ne peut être exprimé qu'en fonction de la Mortalité. Une société prolifique, mais où la mortalité est aussi très forte, n'est pas mieux portante qu'une autre où l'on naît moins mais où l'on meurt moins. C'est pourquoi nous comparerons le chiffre des suicides dans les différents départements français non pas à la natalité proprement dite, soit générale, soit spéciale, mais à l'accroissement de population qui résulte de l'excès des naissances sur les décès. C'est ce qu'on a fort justement appelé le croît physiologique. L'accroissement ainsi calculé a de plus le très grand avantage de ne pas tenir compte des mouvements migratoires d'un département dans l'autre, qui ne pourraient évidemment que troubler nos recherches.

Dans le *Compte général pour l'administration de la justice criminelle en France,* année 1880, M. Yvernès a réparti les départements en six classes suivant la fréquence des suicides qui y ont été commis annuellement de 1830 à 1880 [4]. Cherchons donc quelle a été pendant cette même période, ou pendant une période, très voisine de celle-là, le croît physiologique moyen

---

[4] Voy. la Planche II.

dans chacune de ces six classes. je le prends tel qu'il a été calculé par M. Bertillon pour les 69 premières années de ce siècle (1801-1869) [5]. D'autre part, comme la première de ces six classes ne comprend qu'un département, la Seine, je la réunis à la suivante dans les calculs qui vont suivre.

lre classe. - (*De 39 à 28 suicides annuels par 100 000 habitants.*)

	Excédent annuel des naissances sur 1,000 décès *(1801-1869)*.
Seine	2,4
Seine-et-Oise	0,7
Seine-et-Marne	2,6
Marne	2,6
Oise	1,5
Croît moyen	1,9

---

[5] *Voy. Dictionnaire encyclopédique des sciences médicales,* articles « France », « Démographie ». - je ne fais entrer dans mes calculs que *82* départements ; j'ai dû laisser de côté les Alpes-Maritimes et les Savoies, dont la démographie n'est connue que depuis trop peu de temps, et les départements annexés en *1870* qui ne sont plus compris dans la carte des suicides dressée par M. Yvernès.

Ile classe. - *(De 21 à 17 suicides annuels par 100000 habitants.)*

	Excédent annuel des naissances sur 1,000 décès *(1801-1869)*.
Seine-Inférieure	3,6
Aisne	4,3
Aube	2
Eure-et-Loir	2,1
Var	0,3
Croît moyen	2,4

IIIe classe. - *(De 16 à 12 suicides annuels par 100 000 habitants.)*

	Excédent annuel des naissances sur 1,000 décès *(1801-1869)*.
Eure [6]	- 0.6
Charente-Inférieure	1,7
Vaucluse	4,5
Basses-Alpes	2,9
Bouches-du-Rhône	2
Pas-de-Calais	5,6
Ardennes	6
Meuse	3,7
Côte-d'Or	2,8
Indre-et-Loire	2,5
Drôme	5,6
Somme	3,5
Rhône	5,8
Yonne	2,2
Loir-et-Cher	3,7
Loiret	3,4
Croît moyen	3,49

---

[6] Le tableau de M. Bertillon attribue à l'Eure un croît de + 0,6 ; nous croyons que c'est une erreur de signe et nous rectifions. De même plus bas pour le Calvados.

IVe classe. - *(De 11 à 5 suicides annuels par 100 000 habitants.)*

	Excédent annuel des naissances sur 1,000 décès *(1801-1869)*.
Doubs	5,1
Jura	2,7
Haute-Saône	4,7
Dordogne	3,4
Cher	7,8
Indre	6,2
Nièvre	5,9
Deux-Sèvres	4,8
Tarn-et-Garonne	0,6
Gironde	2,1
Isère	5,5
Maine-et-Loire	3,6
Saône-et-Loire	5,6
Mayenne	3,9
Haute-Marne	3,4
Calvados	- 0,1
Hérault	4
Lot-et-Garonne	0,3
Orne	1,4
Sarthe	3,4
Manche	2,1
Charente	2,3
Nord	7
Corrèze	6,1
Haute-Vienne	4,7
Loire	8,3

Aude	5,1
Pyrénées-Orientales	6,6
Vosges	6,4
Ardèche	7,2
Landes	4,6
Basses-Pyrénées	4,9
Vendée	6,2
Vienne	5,6
Côtes-du-Nord	3,7
Finistère	5
Ille-et-Vilaine	2,8
Loire-Inférieure	5,7
Morbihan	4,4
Allier	5,7
Ain	2,3
Hautes-Alpes	3,5
Gard	5,5
Croît moyen	4,4

Ve classe. - *(De 4 à 2 suicides annuels par 100 000 habitants.)*

	Excédent annuel des naissances sur 1,000 décès *(1801-1869)*.
Corse	6,2
Creuse	6,3
Aveyron	5,6
Lozère	5,9
Hautes-Pyrénées	5,9
Cantal	3,8
Haute-Loire	5,5
Ariège	6,3
Tarn	5,4
Haute-Garonne	4,4
Gers	1
Lot	3,1
Puy-de-Dôme	3,6
Croît moyen	4,8

On voit par ces tableaux que le croît physiologique moyen s'élève d'une manière progressive et régulière à mesure que le chiffre des suicides s'abaisse. Ces deux mouvements parallèles se poursuivent de la première à la dernière classe sans interruption et sans exception. Nous pouvons donc conclure que ces deux faits sociaux varient en raison inverse l'un de l'autre.

Il est vrai que nous n'avons ainsi comparé que des moyennes. Mais il était nécessaire de procéder ainsi, vu la multitude de causes accidentelles et locales dont dépendent les phénomènes comparés. Il fallait les neutraliser les unes par les autres en opérant sur un nombre suffisant de départements. Si d'ailleurs, au lieu de nous contenter des moyennes, nous analysons le contenu des tableaux qui précèdent, nous ne trouverons rien qui ne confirme notre conclusion.

En effet, pour la France entière, ou plutôt pour les *82* départements que nous avons pris en considération, le croît physiologique moyen est de *4* (exactement de *4,03*). Si donc nous cherchons combien il y a de départements au-dessus et au-dessous de la moyenne dans chacune des cinq classes, nous trouvons qu'elles sont ainsi composées :

		Au-dessous du croît moyen	Au-dessus du croît moyen
lre classe	(39-28 suicides)	Les 100 centièmes	Les 0 centièmes de la classe
IIe classe	(21-17 suicides)	Les 80 centièmes	Les 20 centièmes de la classe
IIIe classe	(16-12 suicides)	Les 68 centièmes	Les 32 centièmes de la classe
IVe classe	(11- 5 suicides)	Les 40 centièmes	Les 60 centièmes de la classe
Ve classe	(4- 2 suicides)	Les 13 centièmes	Les 77 centièmes de la classe

Ainsi les classes qui, comptent le plus de suicides ne comprennent presque que des départements dont le croît est au-dessous de la moyenne. Puis le rapport se renverse peu à peu, à mesure que le nombre des suicides augmente. On pourrait encore exprimer le même résultat de la manière suivante. Sur les *26* départements où il y a le plus de suicides *(1re, 2e* et *3e* classe), vingt ont un croît physiologique au-dessous de la moyenne ; et sur les *41* départements dont le croît est dans la moyenne ou la dépasse, *25,* c'est-à-dire plus de trois quarts, appartiennent à la quatrième et à la cinquième classe, celles où le nombre des suicides est le moins élevé.

III

Expérience inverse

Pour vérifier le résultat précédent, faisons l'expérience inverse : classons les départements d'après l'importance de leur croît physiologique et cherchons ensuite quel est dans chacune des classes ainsi distinguées le chiffre moyen des suicides pour chaque département ; c'est une moyenne prise sur les cinq années qui se sont écoulées de *1872* à *1876.* La période est courte sans doute et ne correspond pas assez à celle qui a servi à déterminer le croît physiologique. Malheureusement ces chiffres sont les seuls dont nous disposions. M. Yvernès, dans son *Compte général,* ne nous donne pour chacune des classes qu'il distingue que la limite supérieure et la limite inférieure ; il ne nous indique pas quel est pour chaque département en particulier le nombre moyen des suicides. Nous aurions pu, il est vrai, le calculer nous-même ; mais nous avons reculé devant un travail aussi considérable, que la concordance de toutes les preuves qui précèdent et de celles qui suivent nous a paru rendre moins nécessaire. D'ailleurs comme le suicide a depuis le commencement du siècle évolué d'une manière beaucoup plus régulière que le croît, il n'est pas aussi indispensable d'en établir le montant annuel d'après une période très étendue.

Nous répartirons les départements en quatre classes d'après la valeur relative de leur croît moyen.

Ire classe. - (Croît *de 0,6 à 2,5. - 20 départements.*

	Suicides par an et par 1 000 000 d'habitants
Eure	255,1
Calvados	147,5
Var	221,2
Loir-et-Cher	84,5
Tarn-et-Garonne	74
Seine-et-Oise	388,8
Gers	61,8
Orne	96,9
Oise	407,2
Charente-Inférieure	160,2
Bouches-du-Rhône	202,9
Aube	284,8
Eure-et-Loir	273,5
Gironde	122,5
Manche	84,5
Yonne	219,3
Ain	128,2
Charente	164,3
Seine	400,3
Indre-et-Loire	213,2
Moyenne des suicides	199,5

IIe classe. - (Croît de 2,5 à 4,5. - 26 départements.)

	Suicides par an et par 1 000 000 d'habitants
Marne	380,6
Seine-et-Marne	383,5
Jura	123
Haute-Marne	141,7
Dordogne	115,3
Loiret	206,7
Ille-et-Vilaine	69,2
Côte-d'Or	187,4
Basses-Alpes	195,2
Lot	58,9
Sarthe	141,7
Hautes-Alpes	115,3
Somme	206,7
Seine-Inférieure	155,3
Maine-et-Loire	99,2
Puy-de-Dôme	219,3
Loir-et-Cher	186
Meuse	212,8
Côtes-du-Nord	52,7
Cantal	61,2
Mayenne	82,7
Hérault	78,1
Haute-Garonne	65,9
Aisne	297,9
Morbihan	64,8
Vaucluse	208,7
Moyenne des suicides	157,6

IIIe classe. - (Croît de 4,5 à 6, - 24 départements.)

	Suicides par an et par 1 000 000 d'habitants
Landes	83,1
Haute-Saône	118,1
Haute-Vienne	101,1
Basses-Pyrénées	64,2
Deux-Sèvres	111,0
Finistère	108,2
Doubs	113,9
Aude	74,8
Tarn	55,0
Haute-Loire	45,9
Isère	97,9
Gard	114,7
Aveyron	39,7
Drôme	162,2
Vienne	93,5
Pas-de-Calais	146,8
Saône-et-Loire	144,7
Allier	83,9
Loire-Inférieure	76,0
Rhône	166,8
Hautes-Pyrénées	39,9
Nièvre	94,1
Lozère	54,6
Ardennes	166,7
Moyenne des suicides	98,2

IVe classe. - (Croît de 6 à 8,3. - 12 départements.)

	Suicides par an et par 1 000 000 d'habitants
Corrèze	69,3
Corse	28,6
Indre	66,2
Ariège	103,6
Creuse	30,8
Vosges	69,2
Pyrénées-Orientales	126,2
Nord	76,0
Ardèche	109,9
Vendée	84,6
Cher	104,9
Loire	70,8
Moyenne des suicides	78,3

Cette seconde expérience confirme donc la précédente et révèle aussi clairement le rapport inverse du croît et du suicide. La classe où le croît est le plus faible est celle où le suicide est le plus fort et nous voyons de classe en classe le second de ces termes s'abaisser à mesure que le premier s'élève.

Si, comme nous l'avons fait précédemment, nous ne nous contentons pas d'opérer sur des moyennes, nous obtiendrons les résultats suivants :

Pour les 82 départements observés, la moyenne annuelle des suicides sur 1 000 000 d'habitants est de 138,9. Or nous constatons tout d'abord que des 36 départements qui sont compris dans la troisième et la quatrième classe, celles où le croît est le plus fort, cinq seulement sont au-dessus de la moyenne pour les suicides : et encore ces cinq exceptions se trouvent-elles toutes dans la troisième classe : il n'y en a pas une seule dans la quatrième.

Mais nous pouvons pousser l'analyse plus loin.

Le maximum des suicides est de 407,2 (département de l'Oise) et le minimum de 28,6 (Corse). Divisons l'intervalle qui sépare ces chiffres extrêmes en quatre parties et cherchons dans chacune des quatre classes, établies d'après l'importance du croît, combien il y a de départements où les suicides dépassent 300, combien où ils sont compris entre 300 et 201, entre 200 et 101, entre 100 et 28,6. Le résultat est exprimé dans le tableau suivant :

Combien y a-t-il de départements où les suicides soient compris entre

	407 et 301	300 et 201	200 et 101	100 et 28,6	Nombre total des départements
Ire Classe (croît de - 0,3 à 2,5)	3	7	5	5	20
IIe Classe (croît de 2,6 à 4,4)	2	6	8	10	26
les 2 premiers de la classe					
IIIe Classe (croît de 4,6 à 6,5)	0	0	11	13	24
IVe Classe (croît de 6,5 à 8,3)	0	0	4	8	12
Total	8	13	28	36	82

Il suffit de jeter les yeux sur ce tableau pour y voir la confirmation du rapport énoncé [7].

---

[7] Dans tout ce qui précède nous ne nous sommes occupés que du croît. Il nous a paru intéressant de faire la même comparaison pour la natalité spéciale ou fécondité (nombre de naissances annuelles par 1000 femmes mariées de quinze à cinquante ans). On obtient les résultats suivants :

	Suicides annuels	Natalité spéciale
Ire catégorie de départements	38	133
IIe catégorie de départements	28	139,25
IIIe catégorie de départements	21 à 17	150,2
IVe catégorie de départements	16 à 12	161
Ve catégorie de départements	11 à 5	190
VIe catégorie de départements	4 à 2	185

Sauf l'irrégularité qui apparaît brusquement à la sixième catégorie, ce résultat concorde avec les précédents.

IV

Suicide et croît physiologique suivant le degré d'agglomération des habitants.

Ce rapport se manifeste encore d'autres manières.

On sait qu'en France, comme d'ailleurs dans tous les autres pays d'Europe, les suicides sont beaucoup plus fréquents dans les villes que dans les campagnes. « De 1873 à 1878, 18 470 suicides ont été commis dans les campagnes et 15 895 dans les villes. En rapportant la moyenne annuelle déduite de ces nombres aux populations respectives accusées en 1876, on a pour les campagnes 123,48 et pour les villes 221,44 suicides pour un million d'habitants [8]. » Si donc nous ne nous sommes pas trompés dans ce qui précède, on doit s'attendre à ce que le croît physiologique des villes soit bien inférieur à celui des campagnes. C'est en effet ce qui arrive.

---

[8] Legoyt, *Suicide ancien et moderne, p.* 195.

Si l'on observe uniquement les chefs-lieux de département, on constate que non seulement l'accroissement est minime, mais que la mortalité dépasse la natalité. En 1880, et le même fait se reproduit tous les ans, 71 chefs-lieux sur 86 avaient plus de décès que de naissances. Les quinze qui font exception à la règle sont les suivants :

Nice, 183. - Privas, 102. - Mézières, 5. - Tulle, 231. - Châteauroux, 43. - Saint-Étienne, 266. - Chaumont, 62. - Lille, 658. Tarbes, 39. Perpignan, 2. - La Roche-sur-Yon, 2. Limoges, 57. Epinal, 4. - Périgueux, 3.

Le gain total dans ces quinze villes est de 1758, tandis que le déficit dans les soixante et onze autres monte au chiffre énorme de 13 641.

Sur la population urbaine et la population rurale tout entières la statistique de France nous donne pour 1884 les évaluations suivantes :

Population urbaine (comprenant toute agglomération au-dessus de 2 000 habitants), 13 400 000 habitants.

Population rurale, 24 500 000 habitants.

La première représente plus de la moitié de la seconde, et par conséquent son croît devrait être égal à plus de la moitié du croît de cette dernière. En réalité il en est seulement le neuvième. En effet dans cette même année 1884 l'accroissement est :

Pour la population urbaine, de 8 363
Pour la population rurale, de 70 661.

C'est-à-dire que si l'on représente le premier chiffre par 100 il faudra représenter le second, non par 200, mais par 875.

Enfin si on comparaît ces deux sortes de populations au point de vue, non du croît, mais de la seule natalité, on aurait des résultats analogues. Ainsi en *1861* on trouvait [9] :

Pour la Seine, une natalité de *32,1* ;
Pour les autres villes, une natalité de *34,5;*
Pour la campagne, une natalité de *38,7.*

Cet accroissement inégal de la population des villes et de celle des campagnes a d'ailleurs été remarquée depuis longtemps. M.

---

[9] Legoyt, *La France et l'Étranger, II,* 38.

Maurice Block [10] croit pouvoir l'expliquer par ce fait qu'on se marie plus tôt à la campagne qu'à la ville. Sans compter qu'il est malaisé de comprendre comment un retard de quelques années peut produire une telle différence dans l'accroissement de ces deux populations, le rapprochement que nous venons de faire entre le croît physiologique et le suicide démontre que l'affaiblissement du croît est un phénomène autrement important et dépend de causes morales plus profondes.

V

Croît physiologique et suicide suivant les professions.

On sait que les professions ont sur le suicide une influence qui est parfois très marquée : il y a donc lieu de rechercher aussi quelle est celle qu'elles exercent sur le croît de la population.

---

[10] *Statistique de France, 1,* 63.

Quoiqu'on ne sache pas avec une précision suffisante comment chaque profession particulière agit sur la tendance au suicide, on peut regarder pourtant comme établi que la profession où l'on se suicide le moins est l'agriculture, et que celles où l'on se suicide le plus sont les professions libérales. Dans l'intervalle se trouvent le commerce et l'industrie, sans qu'il soit possible de leur assigner un rang bien certain : le commerce semblerait pourtant un peu plus exposé que l'industrie. L'Italie est le pays où l'influence des professions sur le suicide a pu être le mieux étudiée ; or voici le tableau qu'a dressé Morselli [11] :

UN PROBLÈME D'ANOMIE : SUICIDE ET NATALITÉ

	Sur 1 000 000 d'individus de chaque carrière, combien de suicides
Propriété mobilière et immobilière..	113,5
Production de matières premières....	25,0
Industrie	56,7
Commerce	246,5
Transports...	154,7

---

[11] L'immunité de l'industrie en Italie est même tout à fait exceptionnelle. Elle tient sans doute à ce que l'industrie italienne est trop peu dévcloppée.

Administration publique	324,8
Culte	45,3
Jurisprudence	217,8
Profession médicale	163,3
Instruction et éducation	175.3
Beaux-arts	94,0
Lettres et sciences	618,3
Armée	404,1

Comme on le voit, il y a très peu de suicides parmi les agriculteurs, peu encore parmi les industriels [12], davantage chez les commerçants ; les professions libérales fournissent un contingent énorme. On peut admettre que ces rapports sont à peu près les mêmes en France : or nous allons trouver pour le croît physiologique une relation inverse.

En effet, d'après la statistique de France [13], si on néglige les domestiques, on constate qu'en moyenne une famille de patrons agriculteurs comprend *3,53* personnes ; dans l'industrie il n'y en a plus déjà que *2,98* ; *2,73* dans le commerce ; 1,74 dans les professions libérales. Ainsi les familles d'agriculteurs sont

---

[12] L'immunité de l'industrie en Italie est même tout à fait exceptionnelle. Elle tient sans doute à ce que l'industrie italienne est trop peu développée.

[13] 2e série, XVII, XLVII.

supérieures de près d'un sixième à celles des industriels, de plus d'un cinquième à celles des hommes qui sont voués aux professions libérales. En un mot, les professions où l'on se tue le plus sont aussi celles où l'on naît le moins, et inversement.

VI

Conclusion

La loi établie, il reste à l'interpréter.

La première conclusion qui ressort de ce qui précède, c'est que la natalité, quand elle est trop faible, est un phénomène pathologique. De quelque manière en effet qu'on explique le suicide, il est toujours, nous l'avons vu, l'indice d'un malaise social et il ne peut s'accroître que si ce malaise s'accroît lui-même. Puisque la faiblesse de la natalité et l'aggravation de la tendance au suicide s'accompagnent avec la régularité que nous venons de dire, nous avons donc le droit d'y voir deux phénomènes de même espèce et d'attribuer au premier le caractère morbide que tout le monde reconnaît au second. Par suite du parallélisme de leur développement, la nature anormale de l'un révèle la nature anormale de l'autre.

Bien des sociologistes ont déjà soutenu qu'une natalité trop basse est un dommage et un mal pour la société. Cette étude démontre que de plus elle est un dommage et un mal pour les individus. Non seulement une société qui s'accroît régulièrement est plus forte, plus capable de se maintenir contre les sociétés rivales, mais les membres qui la composent ont eux-mêmes plus de chances de survie. Leur organisme a plus de vigueur, plus de force de résistance. Parlant des pays dont la natalité est mauvaise, M. Bertillon dit qu'ils transforment en épargne, en capitaux, une partie de leur descendance [14]. On voit par ce qui précède combien un tel placement est désastreux pour tous et pour chacun.

Mais, ainsi que nous le disions en commençant, nous n'entendons pas soutenir que ce rapport soit identiquement vrai à tous les degrés de l'échelle de la natalité. Il reste vraisemblable au contraire que la natalité, quand elle dépasse un niveau trop

---

[14] *Bertillon, article « Natalité » du Dict. encycl. des sciences médicales, 2e série, II, 490.*

élevé, devient de nouveau et pour une autre raison une cause de suicides. Dans une société où la population se multiplie trop vite, la lutte pour la vie devient plus rude et les individus renoncent plus facilement à une existence devenue trop pénible. Ces deux propositions, quoique contradictoires en apparence, se concilient d'ailleurs très bien. Il ne faut pas oublier en effet que la natalité est un fait social, par conséquent vivant. Or il n'y a pas de propriété organique qui soit bonne indéfiniment et d'une manière absolue. Tout développement biologique est sain à partir d'un certain point jusqu'à un autre : il y a pour tous les phénomènes de la vie une zone normale en deçà et au-delà de laquelle ils deviennent pathologiques. C'est ce qui arrive pour la natalité.

Tel est le sens du rapport que nous avons établi ; mais quelle en est la cause ? Après l'avoir interprété, il faut l'expliquer. D'où vient que, dans de certaines limites tout au Moins, la courbe de la natalité s'abaisse à mesure que celle du suicide se relève et inversement ?

Il faut évidemment que ces deux faits, la multiplication des suicides et l'abaissement de la natalité, aient une ou plusieurs causes qui leur soient communes. Mais quelles sont ces causes ?

Ainsi que l'a dit quelque part M. Bertillon, le suicide est toujours le symptôme d'un organisme déséquilibré : seulement ce manque d'équilibre peut être dû ou à des causes organiques ou à des causes sociales. Tantôt c'est l'être lui-même qui est vicié, ce sont ses fonctions qui sont faussées et altérées, tandis que le milieu est sain ; tantôt c'est le milieu lui-même qui n'est pas normal. A vrai dire, il est très probable qu'il n'y a point de suicide où ces deux causes ne concourent à la fois. Un organisme parfaitement intact résisterait au milieu, et si le milieu n'avait lui-même rien de pathologique, les germes morbides que peut receler l'organisme ne pourraient pas se développer. Mais si ces deux causes sont toujours présentes, c'est tantôt l'une et tantôt l'autre qui a le plus d'influence et qui marque le suicide de son caractère propre. On a parfois distingué les suicides en deux grandes espèces : les uns absurdes, les autres raisonnables et raisonnés. Les premiers sont ceux qui résultent presque exclusivement de la tare organique et où les causes sociales n'ont joué qu'un rôle occasionnel ; les autres, au contraire, dérivent logiquement de la nature du milieu et sont pour cela même intelligibles.

La première de ces causes n'est pas commune aux deux phénomènes comparés et ne saurait par conséquent expliquer leur rapport. C'est en effet une vérité démontrée en démographie que la natalité n'est que très faiblement dépendante de la race. Une même race est ou n'est pas très prolifique suivant les circonstances et le milieu où elle se trouve. La race française en France a de la peine à compenser ses pertes annuelles ; au Canada elle se multiplie avec une très grande rapidité. La race normande est très féconde en Angleterre ; elle l'est très peu en Normandie. Ces faits et d'autres qui pourraient être cités démontrent que la natalité dépend beaucoup moins de certaines prédispositions organiques que des mœurs et des idées qui règnent dans la société. Quoique la stérilité individuelle puisse être due à un état physiologique, la stérilité en masse résulte d'autres causes. Nous savons bien d'ailleurs qu'elle constitue une pratique voulue, une sorte de discipline, à laquelle les individus se soumettent de propos délibéré, plus qu'elle ne s'impose a eux pour des nécessités organiques. Il est vrai que les départements où il y a le plus de suicides et le moins de naissances sont aussi ceux où il y a le plus d'aliénés. Mais cela prouve seulement que la folie, comme le suicide et comme la natalité, ne résulte pas uniquement de variations individuelles et accidentelles, mais, pour un bonne partie, de causes sociales. Les systèmes nerveux tarés ne se multiplient pas seulement dans un groupe par suite de croisements malheureux et des prédispositions héréditaires, mais aussi par suite des mauvaises conditions sociologiques dans lesquelles ils se trouvent placés. Les causes organiques ne sont souvent que des causes sociales transformées et fixées dans l'organisme. Il n'y a donc que les causes sociales qui soient communes au suicide et à la natalité et qui puissent rendre compte de leur relation.

Pour déterminer avec plus de précision la nature exacte de ces causes, rapprochons la natalité de plusieurs autres faits qui confèrent également l'immunité contre le suicide. On sait que les époux sont beaucoup moins exposés au suicide que les célibataires, et les pères de famille que les époux sans enfants ; que là où la famille est très forte, où les traditions domestiques sont tellement puissantes qu'elles résistent à ces luttes intestines qui ailleurs dissolvent le mariage, en un mot que là où les divorces et les séparations de corps sont rares, les suicides sont rares aussi, et que là où les premiers sont fréquents il en est ainsi des seconds. Tous ces faits démontrent que là où la famille existe, elle protège contre le suicide et qu'elle a d'autant plus cette vertu protectrice qu'elle est plus vivante et plus unie. Or, une bonne natalité suppose naturellement des familles assez denses ; mais celles-ci à leur tour ne sont possibles que là où les hommes ont le goût et l'habitude de la solidarité domestique et préfèrent à l'aisance matérielle les plaisirs de la vie en commun. Sans doute ces préférences se fixent le plus souvent d'une manière instinctive et irréfléchie ; mais qu'importe ? Délibérées ou non, elles ne changent pas de nature. On a dit souvent que si les familles se raréfiaient c'est que les parents ne voulaient compromettre ni leur bien-être personnel ni celui de leurs enfants. Je le veux bien ; mais le bien-être matériel n'aurait pas pris autant d'importance dans la morale populaire si les joies de la vie collective n'en avaient perdu. Ainsi tout affaiblissement de la natalité implique un affaiblissement de l'esprit domestique : or nous venons de voir que ce dernier fait provoque au suicide. Telle doit donc être la cause commune que nous sommes en train de chercher. Si le suicide progresse quand la natalité décline, c'est que ces deux phénomènes également sont dus en partie à une régression des sentiments domestiques.

Mais d'où vient cette propriété bienfaisante de la famille ? Il ne saurait être ici question des avantages économiques que peut offrir la société domestique. Quand on songe aux soucis, au surcroît de travail, aux responsabilités et aux chagrins de toute sorte qu'amènent avec elles les familles nombreuses, qui oserait dire que la balance des avantages et des inconvénients purement utilitaires se solde par un bénéfice ou par un déficit ? Quand on se place à ce point de vue, on n'aperçoit même plus quelles peuvent être les raisons d'être de la famille et on est réduit, comme fait quelque part M. Renan, à voir dans l'amour paternel je ne sais quelle machinerie dressée par la nature contre les individus, pour les contraindre à servir ses fins. Étant donné ce qui précède, il n'y a qu'une réponse possible à la question : c'est que la vie en famille est dans la nature de l'organisme humain, tel du moins que l'a fait l'évolution. Tel qu'il est actuellement constitue, l'homme est fait pour s'unir avec certains de ses semblables dans une communauté plus étroite que ne le comportent les relations du monde ou de la simple amitié ; et on explique aisément comment ce besoin a pu naître et se consolider. Dans ces conditions en effet l'individu fait partie d'une masse compacte dont il est solidaire et qui multiplie ses forces : son pouvoir de résistance se trouve ainsi augmenté. Il est d'autant plus fort pour la lutte qu'il est moins isolé. Là au contraire où les familles sont rares, pauvres, maigres, les individus, moins rapprochés les uns des autres, laissent entre eux des vides où souffle ce vent froid de l'égoïsme qui glace les cœurs et abat les courages.

Cette courte étude est une preuve de plus à l'appui de cette vérité que, dans les questions sociales, c'est le point de vue social qui prédomine. D'ordinaire on étudie surtout la natalité dans ses conséquences économiques ; on cherche quelle influence elle peut avoir sur la production ou sur la répartition des produits, c'est-à-dire sur les intérêts des individus, et on croit pouvoir en expliquer les mouvements par ces seules considérations. Nous venons de voir qu'elle est essentiellement une condition et un indice de la bonne santé des sociétés. Ce qui en détermine les variations, ce n'est pas tant des calculs utilitaires - trop savants d'ailleurs pour être efficaces sur la plupart des volontés - que certains sentiments sociaux qui, selon qu'ils sont présents ou non, portent à la vie en groupe ou en détournent. Il en est de même du suicide. On l'a souvent présenté comme un dénouement au conflit des intérêts individuels et on en a expliqué les progrès par l'intensité croissante de la concurrence, de la lutte pour la vie (Morselli). Mais il est dû aussi à d'autres causes proprement sociales, morales si l'on veut ; nous venons d'indiquer l'une d'elles, peut-être l'une des plus importantes.

Fin